TIERBUCH

Miriam Schlein

Die Zeit mit dem kleinen Panda

Miriam Schlein

Miriam Schlein hat mehr als 75 Bücher für Kinder und Jugendliche geschrieben, von denen viele ausgezeichnet wurden. Für ihr Sachbuch „Project Panda Watch“, nach dem die vorliegende Erzählung entstand, erhielt sie den New York Academy of Science Award.
Miriam Schlein ist Mitglied des amerikanischen PEN-Zentrums und war Präsidentin des Forum of Writers for Young People. Sie hat zwei erwachsene Kinder und lebt in New York.

Die Zeit mit dem kleinen Panda

Aus dem Amerikanischen
von Regine Adolphsen

RAVENSBURGER BUCHVERLAG

Mit Illustrationen von Kam Mak

Lizenzausgabe
als Ravensburger Taschenbuch
Band 2164
erschienen 2000

Die Originalausgabe erschien 1990
bei Harper Collins Children's Books,
a division of Harper Collins Publishers,
New York
unter dem Titel „The Year of the Panda“

Die deutsche Erstausgabe erschien 1998
beim Erika Klopp Verlag GmbH,
München

Umschlagillustration:
Caroline Maroth-Riedel

RTB-Reihenkonzeption:
Heinrich Paravicini, Jens Schmidt

Printed in Germany

**Die Schreibweise entspricht den
Regeln der neuen Rechtschreibung.**

5 4 3 2 1 04 03 02 01 00

ISBN 3-473-52164-7

www.ravensburger.de/buchverlag

TIERBUCH

Kapitel 1

Lu Yi machte die Augen auf. Etwas stimmte nicht. Er merkte es sofort.

Normalerweise war es still auf der Farm.

Da waren die vertrauten Stimmen seiner Mutter und seines Vaters. Dann die Stimmen von Herrn Po oder Ho Yen oder Frau Chen, die auf Bauernhöfen in der Nähe wohnten.

Er kannte sie so gut, dass sie fast ein Teil seiner selbst waren.

Heute war es anders. Er hörte unbekannte Stimmen. Fremde, die sehr laut mit seinem Vater redeten. Er lehnte sich auf einen Ellbogen und hörte zu.

Lu Yi hasste es morgens aufzustehen. Meistens musste seine Mutter ihn zwei- oder dreimal rufen. Heute sprang er hoch und sah raus.

Draußen waren zwei Männer, die er noch nie gesehen hatte. Sein Dorf lag im Schatten der großen, schneebedeckten Berge. Nur selten kamen Fremde. Wer waren sie? Und was wollten sie?

Lu Yi lief in den Hof, hockte sich in eine Ecke und lauschte.

„Die Regierung wird euch nicht zwingen“, hörte er. „Sie *bitten* euch wegzuziehen. Aus den Gründen, die ich euch erklärt habe.“

„Sie haben das Recht, Nein zu sagen“, fügte der andere Mann hinzu.

Lu Yis Vater sah seine Frau an. „Dann sagen wir Nein.“

Sie nickte. Dann gingen die beiden Fremden weg.

„Ziehen wir weg, Vater?“

Lu Yi sah sich um. Er sah das Weizenfeld. Den Gemüsegarten. Die Bienenstöcke. Hier war er geboren worden. Er konnte sich nicht vorstellen woanders zu leben.

„Mach dir keine Sorgen, mein Junge. Ich habe zu dem Mann Nein gesagt.“

„Wie könnten wir auch wegziehen? Dieses Land gehört unserer Familie. Jetzt gehört es dir. Davor gehörte es deinem Vater.“

„Und danach wird es *dein* Land sein. Jetzt muss

ich mich an die Arbeit machen. Und du, du musst zur Schule."

Die Stimme seines Vaters klang nicht besorgt. Später sah Lu Yi ihn jedoch aufgeregt mit Herrn Po reden. Lu Yi wusste, dass sein Vater sich manchmal große Mühe gab, nicht besorgt zu wirken, wenn er es in Wirklichkeit war. Lu Yi hatte das Gefühl, dass es jetzt so war. Er wusste auch, dass es keinen Sinn hatte weitere Fragen zu stellen.

Kapitel 2

Arbeitsreiche Wochen folgten. Lu Yi half beim Schneiden und Binden der reifen gelben Weizenähren. Der Weizen musste gedroschen, getrocknet und in Säcke gefüllt werden. Was sie nicht selbst brauchten, wurde in die Stadt gebracht. Wenn Lu Yi bei der Ernte gebraucht wurde, ging er nicht in die Schule. Er arbeitete dann zusammen mit seinen Eltern auf dem Feld. So war es auch in dieser Zeit. Lu Yi vergaß die beiden Fremden und das Gespräch übers Wegziehen.

Ein paar Tage später wurde er von lauten Rufen wach.

„Weg mit dir, du Räuber! Mach, dass du hier wegkommst!“

Lu Yi sprang von seiner Schlafmatte hoch und lief zur Tür. Er sah Herrn Po, der mit einem schwarzweißen großen Tier direkt bei seinen Bienenstöcken kämpfte. Das Tier hatte seine Pfote im Bienenstock. Herr Po zerrte wütend daran. Lu Yi traute seinen Augen nicht. Es war ein Panda, die große Bärenkatze.

Pandas lebten hoch oben in den Bergen. Nie kamen sie ins Dorf!

In diesem Augenblick beendeten Herr Po und der Panda ihren Kampf. Die Bienen kamen mit wütendem Brummen aus dem Stock heraus. Die beiden Kämpfer fuhren auseinander. Herr Po lief auf sein Haus zu.

Der Panda ließ sich auf seine vier Pfoten fallen und bewegte sich schwerfällig den Berghang hinauf.

Herr Po war wütend. Er rannte in sein Haus und kam mit einem alten Gewehr heraus.

Lu Yis Vater hielt ihn zurück. „Bist du verrückt geworden? Wenn du einen Panda erschießt, werden wir alle hier weggejagt!"

Herr Po schien sich zu beruhigen.

Lu Yis Vater ließ seinen Arm los. „Außerdem", fügte er hinzu, „kannst du ihn nicht wirklich er-

schießen wollen. Es gibt nur noch so wenige da oben." Er zeigte auf die nebelverhangenen Berge. „Na ja, solange sie da oben bleiben … und meine Bienenstöcke in Ruhe lassen."
Brummelnd trug Herr Po sein Gewehr ins Haus zurück.

Der Große Panda oder Bambusbär, wie er auch genannt wird, ist ein ganz besonderes Tier. Weil er hoch in den Bergen lebt, umgibt ihn etwas Geheimnisvolles. Er lebt im Verborgenen, irgendwo tief in den Bambuswäldern. Warum war dieser Panda plötzlich von den Bergen heruntergekommen?
Die Ernte war vorüber und Lu Yi ging wieder zur Schule. Wie immer traf er unterwegs seinen Freund Ho Yen und sie gingen zusammen zum Haus des Lehrers. Aber wie konnte er heute an die Schule denken?
„Hast du ihn gesehen?", fragte er seinen Freund.
„Natürlich."
Immer wieder sahen die Jungen zu den Bergen

hinauf. Sie hofften, den Panda noch einmal zu sehen.

„Vielleicht kommt er zurück“, sagte Ho Yen.

„Hoffentlich nicht.“

„Willst du ihn denn nicht sehen?“

„Natürlich möchte ich. Aber Herr Po würde ihn vielleicht erschießen.“

Lu Yi winkte Frau Chen zu, die auf ihrem Reisfeld arbeitete.

„Warum ist er wohl von den Bergen heruntergekommen?“

Ho Yen zuckte die Schultern. „Wahrscheinlich, weil er Appetit auf Herrn Pos Honig hatte. Ich kann ihm deswegen keine Vorwürfe machen. Du?“

Lu Yi schwieg. Ho Yen machte über alles Witze. Sollte er Ho Yen sagen, wovor er tief in seinem Innern Angst hatte?

„Ich glaube, wir müssen vielleicht fortziehen“, stieß er hervor.

„Fortziehen?“ Endlich einmal wurde Ho Yen ernst. „Warum?“

„Ich glaube, es hat etwas mit dem Panda zu tun.“

„Was? Weil der Panda Herrn Pos Honig gestohlen hat?“ Ho Yen fing an zu lachen.
Lu Yi runzelte die Stirn. Es war kein Scherz.
„Hast du gehört, was mein Vater gesagt hat?“
„Ja. Er sagte, wenn man den Panda tötet, müssen wir alle fort von hier.“
„Also?“
Ho Yen schüttelte den Kopf. „Er war aufgeregt. Er wollte nicht, dass Herr Po schießt. Du weißt ja, wie Erwachsene sind. Manchmal sagen sie einfach etwas.“
„Nicht mein Vater.“
Eine Weile gingen die beiden Jungen schweigend nebeneinander her.
„Also“, sagte Ho Yen schließlich, „ich verstehe nicht, was das eine mit dem anderen zu tun hat.“

Herr Po flickte seine Bienenkörbe. Er hörte auf zu schimpfen. Vom Fortziehen wurde nicht mehr geredet. Eine Weile war alles so wie immer.

Kapitel 3

Dann kam der Tag, von dem Lu Yi später immer dachte, dass er sein ganzes Leben verändert hatte. Der Tag fing ganz normal an. Lu Yi ging mit seinem Vater in die Berge um Feuerholz zu sammeln. Wie immer trug sein Vater die Axt und Lu Yi einen großen Sack für das Holz. Auf dem Rückweg würde sein Vater den Sack mit dem Holz tragen und Lu Yi die Axt. Wie immer hörten sie Spechte an den Baumstämmen klopfen. Hin und wieder rannte eine kleine Maus vor ihnen davon. Zweimal überraschten sie Fasane, die aus dem Unterholz emporflogen.

Bäume zu fällen brauchten sie nie. Es gab genug Holz auf dem Boden, Zweige von großen Fichten, Birken und Tannen. Lu Yis Vater hackte die Zweige in Stücke, sodass man sie leichter tragen konnte. Weiter oben auf dem Berg wuchs Bambus. Meistens waren die Bambuswälder saftig und grün, aber jetzt sah der Bambus trocken und gelblich aus.

Lu Yi sah sich aufmerksam um, als sein Vater, der sich im Unterholz bewegte, plötzlich den Arm hob.

„Bleib wo du bist!"

Er sah auf den Boden. Lu Yi folgte seinem Blick. Er sah einen schwarzweißen Körper. Ein Panda!

„Schläft er?"

Sein Vater schüttelte den Kopf. „Das habe ich zuerst auch geglaubt. Er ist tot."

Lu Yi kam näher. Er hatte sich so gewünscht, noch einmal einen Panda zu sehen. Aber nicht auf diese Weise.

Sie sammelten weiter Holz. Der Sack war bald gefüllt. Lu Yis Vater warf ihn sich über die Schulter. Lu Yi nahm die Axt. Dann blieb er stehen und sah noch einmal auf den toten Panda. Er überlegte, ob es derselbe war, der mit Herrn Po gekämpft hatte. Plötzlich hörte er ein Quieken. Er drehte sich um. Das Quieken schien aus dem hohlen Baumstamm zu kommen. Lu Yi schaute hinein.

„Vater!"

Sein Vater, der schon ein Stück vorausgegangen war, legte den Sack hin und kam zurück. Vater und Sohn schauten gemeinsam in den hohlen Baum. Der Vater langte hinein. Er hob etwas heraus. Es war ein kleines weißes Tier mit dunklerem Fell an den Schultern und Beinen. Es zappelte heftig. Lu Yi schnappte nach Luft. Das Tier war ungefähr zwanzig Zentimeter lang. Ein kleiner Panda.

„Da drüben, das muss seine Mutter sein." Lu Yis Vater zeigte auf das tote Tier.

„Vater, können wir das Kleine mit nach Hause nehmen?"

„Wenn wir das nicht tun, wird es sterben. Oder wilde Hunde bringen es um."

Für Lu Yi hieß das ja. Er ließ die Axt fallen und langte nach dem kleinen Panda. Sein Vater steckte die Axt in den Gürtel und ging mit schnellen Schritten bergab. Lu Yi folgte. Das Pandajunge hielt er dicht an seine Brust gepresst. Bald hörte es auf zu quieken und schlief ein.

Kapitel 4

Lu Yis Mutter machte große Augen. „Was sollen wir denn *damit* anfangen?“ Sie streckte die Hand aus und berührte das kleine Tier, das ihr Sohn in den Armen hielt. Da wusste Lu Yi, dass alles in Ordnung war.

„Ich werde es versorgen“, sagte er. „Ich habe mich auch um die kranke kleine Ziege gekümmert. Erinnerst du dich? Ich kann das. Weißt du doch, Mutter.“

Das stimmte. Lu Yi konnte gut mit Tieren umgehen. Über seinen Kopf hinweg nickten sich seine Eltern zu.

„Das heißt aber nicht, dass du deine anderen Arbeiten vernachlässigen darfst.“

„Und deine Schulaufgaben.“

„Nein, nein, wird alles gemacht.“

Lu Yis Aufgabe war es die Tiere zu versorgen. Jeden Tag melkte er die beiden Ziegen Nim und Lei. Er sorgte dafür, dass die beiden Ochsen, Bim und Bam, ihr Futter bekamen. Er sah nach, ob sie vom Joch auf ihren Schultern wunde Stellen hatten. Wenn ja, rieb er sie mit Salbe ein. Er warf den Küken Getreide hin. Außerdem fegte er den Hof, in dem die Tiere nachts waren.

Lu Yi überlegte. Würde es schwer sein, für den kleinen Panda zu sorgen?

„Mutter, kann ich etwas Milch haben?“

Seine Mutter gab ihm eine kleine Schüssel Milch. Lu Yi nahm das Pandababy auf den Schoß und hielt ihm die Schüssel dicht vor die Schnauze. Aber die Milch tropfte hinunter.

„Er ist daran gewöhnt, bei seiner Mutter zu trinken.“

Der kleine Panda legte sich zurück und bewegte sich nicht.

„Vielleicht hat er keinen Hunger“, sagte Lu Yi.

Inzwischen wurden die anderen Tiere im Hof unruhig. Die Küken piepsten. Nim und Lei meckerten.

„Die anderen Tiere brauchen dich auch", sagte Lu Yis Vater. „Ich bringe der alten Mutter Ting jetzt etwas Brennholz." Er verließ den Hof und ging.

Lu Yi legte den kleinen Panda auf ein Heubündel und ging zuerst einmal seinen anderen Pflichten nach.

Beim Melken von Nim kam ihm eine Idee. „Also, Nim …" Er streichelte den Hals der Ziege. „Du hast doch nichts dagegen, oder?"

Dann holte er das Pandababy und legte dessen Schnauze an die Zitze der Ziege. Er drückte die Zitze ein bisschen und etwas Milch spritzte dem Kleinen ins Maul.

„Er weiß nicht mehr, wie man saugt."

Lu Yis Mutter stand hinter ihm. Der Junge hatte sie nicht kommen hören. „Drück doch mal", sagte sie.

Auf diese Weise fütterte er den kleinen Panda, bis der genug zu haben schien. Dann legte er ihn auf etwas Stroh in die Hofecke und ging an seine anderen Aufgaben.

An diesem Tag wurde er viel später fertig als nor-

malerweise. Und seine Schularbeiten musste er auch noch machen.
Er gähnte beim Schreiben, als plötzlich sein Freund Ho Yen den Kopf durch die Tür steckte.
„Ich hab's gehört. Wo ist es?"
Lu Yi hob seinen Schreibblock hoch. Das Pandababy lag zusammengerollt auf seinem Schoß.
„Gib ihn mir!" Ohne eine Antwort abzuwarten nahm Ho Yen den kleinen Panda, der sofort zu schreien und zu wimmern begann. Ho Yen hob ihn hoch in die Luft. Der kleine Panda schrie noch lauter. „Ich mach das oft mit dem Baby von meinem Bruder Wong. Sie mag das.
„Gib ihn her. Das ist nicht Wongs Baby. Du machst ihm Angst."
Ho Yen hockte sich dicht neben seinen Freund und setzte das kleine Tier auf die Erde. „Komisch. Es sieht nicht wie ein Panda aus. Eher wie ein kleines Schwein." Dann sprang er auf. „Ich muss wieder heim und meiner Mutter helfen."
Lu Yi kehrte zu seinen Schularbeiten zurück. Aber er konnte sich nicht darauf konzentrieren. Er überlegte, wo der kleine Panda schlafen sollte.

Schließlich legte er ihn auf ein Heubündel in der Hofecke.
Sein Vater kam mit den Ochsen in den Hof. Kein guter Platz, dachte Lu Yi. Da wird er von den anderen Tieren zertreten.
In der ersten Nacht schlief der Panda bei Lu Yi, dicht an seiner Brust zusammengerollt. Das kleine Tier schien die Körperwärme zu mögen. Es dränge sich an Lu Yi heran, der davon immer wieder wach wurde. Das Fell kitzelte ihn an der Brust. Dann wurde die Schlafmatte nass.
Am nächsten Tag war er noch müde, als er mit seiner Arbeit anfing. Seine Mutter sah, dass er die Matte zum Lüften herausgehängt hatte. Sie wusste natürlich sofort, warum.
„Vielleicht kann er in einem Korb schlafen“, meinte sie
„Er liegt gerne dicht bei mir.“
„Du nimmst den Platz seiner Mutter ein.“
„Mmmm.“
Lu Yi führte Bim und Bam heraus. Er hielt die beiden Ochsen, als sein Vater ihnen das Joch auflegte. Dann fütterte er den kleinen Panda. Wieder

hielt er dessen Schnauze an die Zitze der Ziege und drückte sachte die Milch heraus.
Vormittags schlief der Panda in einem Korb und schien ganz zufrieden damit zu sein.
Wenn Lu Yi aus der Schule kam, nahm er ihn mit. Seine Mutter hatte aus einer alten Hose ein Tragetuch gemacht.
Wenn Lu Yi die Ziegen von der Weide holte, saß das Pandababy in dem Tragetuch und schaute über Lu Yis Schulter.

Die Zeit verging und der kleine Panda wuchs heran. Lu Yi merkte, dass er allmählich zu schwer wurde, um ihn weiter in dem Tragetuch herumzuschleppen.
„So." Er setzte das Tier auf die Erde. „Ich denke, ich sollte dir einen Namen geben. Ich nenne dich Su Lin."
Lu Yis Vater war in der Nähe. „Ich finde es nicht gut, dass du ihm einen Namen gibst."
„Warum nicht, Vater? All die anderen Tiere haben Namen, bis auf die Küken."

„Wir könne kein wildes Tier bei uns aufziehen."

„Wir haben doch auch die anderen."

„Die arbeiten für uns. Wir können nicht ohne sie leben. Das ist ein wildes Tier. Wir können es auf Dauer nicht behalten. Aus mehreren Gründen."

Lu Yis Vater legte seinem Sohn die Hand auf die Schulter. „Wenn du ihm einen Namen gibst, schaffst du eine Verbindung. Dann wird es später umso schwerer für dich."

Lu Yi hob den Panda hoch und nahm ihn auf den Schoß.

Ich bin schon mit dir verbunden, dachte er.

„Was meinst du mit später?", fragte er seinen Vater traurig.

„Du hast doch wohl nicht gedacht, dass du … Su Lin für immer behalten kannst, Lu Yi. Er wird zu einem starken und wilden Tier heranwachsen."

„Wo kann er denn hin?" Lu Yi brachte die Worte kaum heraus.

„Ich habe mit dem Schiffer gesprochen. Er würde ihn mit nach Jinan nehmen. Dort gibt es einen Zoo. Wir können nicht mehr lange warten. Er wird zu groß."

„Wann?"

„Ich denke, wir sollten anfangen einen Käfig für ihn zu machen. Jetzt."

Kapitel 5

Da, wo Lu Yi lebte, gab es nur wenige Dinge, die die Leute in der Stadt haben. Es gab keinen Strom. Kein Telefon. Wenige Straßen. Die meisten Güter wurden auf Kanälen mit Schiffen transportiert. Die Bauern verluden ihre Erzeugnisse auf Schiffe. Die brachten sie auf die Märkte in den Städten, wo sie dann verkauft wurden. Aber außer Reis, Honig, Weizen und Gemüse wurden noch andere Dinge auf dem Wasserweg befördert. Nachrichten zum Beispiel. Von den Bootsleuten erfuhren die Menschen auf dem Land, was weit von ihnen entfernt passierte. Die Nachrichten reisten auch in entgegengesetzter Richtung. Regierungsbeamte in den Städten erfuhren so, was in entlegenen Gegenden passierte.

Und es gab noch eine Möglichkeit für Lu Yi und seine Leute, Neuigkeiten zu erfahren. Manchmal wurden aus den Städten Boten mit wichtigen

Nachrichten ausgesandt. Sie gingen zu Fuß, auf den alten Fußpfaden, und an bestimmten Stellen der Strecke brachten sie ihre Mitteilungen an. Auf diese Weise erhielt Lu Yi Antwort auf die Frage, die ihn so lange beschäftigt hatte: Warum damals der Panda von den Bergen heruntergekommen war.

Eines Morgens hörte man Hammerschläge. Die Leute unterbrachen ihre Arbeit. Sie wussten, was das bedeutete, und eilten zu dem Pfad. Ein Mann nagelte eine Mitteilung an einen Baum. Lu Yi fing an zu laufen. Ho Yen, der schon dort war, winkte ihm zu. „Es geht um die Pandas. Hör zu!"

Der Bote redete. „Da oben", er zeigte auf die nebelverhangenen Berge, „lebt der Große Panda. Überall auf der Welt mag man ihn. Aber hier ist der einzige Platz auf Erden, wo er lebt. Und jetzt ist er bedroht. Wenn wir ihm nicht helfen, wird es bald keine Pandas mehr geben."

Boten waren immer gesprächig. Vielleicht, weil sie auf ihren Wegen oft lange allein waren. Sie re-

救熊貓

deten gerne, wenn sie Gelegenheit dazu hatten. Dieser Bote redete und redete. Die Leute wurden allmählich ungeduldig.

„Wir wissen das", unterbrachen sie ihn. „Nun komm schon zur Sache."

„Seht hinauf, Freunde", sagte der Mann und deutete nach oben.

Alle Augen richteten sich auf die Berge. Fast als würden sie erwarten, weitere Pandas aus dem Wald kommen zu sehen.

„Seht genau hin. Sogar von hier aus sieht man, was da vor sich geht. Die Bambuswälder sind gelb und trocken. Der Bambus ist tot. Die Pandas finden da oben nichts mehr zu fressen. Deshalb kommen sie in die Ebene. Sie sind am Verhungern."

Frau Chens Mutter unterbrach ihn. „Ich wohne nun schon viele Jahre hier. Das ist noch nie passiert. Warum jetzt?"

„Warum jetzt?" Der Mann zog ein Taschentuch aus seiner Tasche und wischte sich die Stirn. Alle warteten gespannt.

„Das ist so, Mutter. Es ist nicht passiert, solange du hier gelebt hast." Der Mann sprach sehr respektvoll mit der alten Frau. „Aber es ist schon passiert. Bevor du hier gelebt hast. Der Bambus stirbt hier alle sechzig Jahre. Dann dauert es zwei oder drei Jahre, bis neue Schösslinge wachsen. Die Pandas leiden unter einer Hungersnot. Deshalb kommen sie aus den Bergen. Sie suchen verzweifelt nach Nahrung."

Die Menschen in China wissen, was eine Hungersnot ist. Vor allem die Älteren konnten sich an schlimme Zeiten erinnern.

Jetzt hörte man Herrn Pos heisere Stimme. „Das kann ja sein. Aber ich bin ein armer Mann. Ich kann es mir nicht leisten, Pandas mit meinem Honig zu füttern." Er schilderte ausführlich seinen Kampf mit dem Panda, bis der Fremde ihn unterbrach.

„Das erwarten wir auch nicht. Aber es gibt einen Plan, wie man den Pandas helfen kann diese Zeit zu überleben. Und dabei bitten wir um eure Unterstützung. Wir wissen, dass ihr es euch nicht leisten könnt die Tiere zu füttern. Die Regierung wird das Futter zur Verfügung stellen. In den nächsten Wochen werden Hubschrauber Jamswurzeln und Mais abwerfen. Legt das an die Begrenzungen eurer Felder und Weiden. Hungrige Pandas werden das fressen. Aber kommt ihnen nicht zu nahe. Es sind halb verhungerte, verzweifelte Tiere. Denkt dran, dass ein Panda gefährlich sein kann."

Alle, die so lange geschwiegen hatten, fingen nun auf einmal an zu reden.

„Ich hab keine Zeit ..."

„Es gibt doch auch hungernde Menschen! Warum werden Tiere gefüttert?"

„Woher kommt denn das Geld?"

„Das Geld für die Rettung der Pandas kommt von der Regierung der Volksrepublik China", erklärte der Bote. „Noch höhere Summen kommen aus den Vereinigten Staaten und anderen Ländern. Alle machen sich Sorgen um den Panda. Der Panda war einst das Geschenk der Könige. Jetzt gibt es nur noch ganz wenige. Wenn wir ihnen nicht helfen, wird es bald keine mehr auf der Welt geben. Auch in Zukunft nicht. Nie wieder."

„Hallo ..." Ho Yen näherte sich dem Sprecher. „Der Panda hat hier schon lange gelebt, bevor es in dieser Gegend Menschen gab. Das ist doch so, oder?"

„Ja."

„Wenn der Bambus auch schon abgestorben ist, bevor hier Menschen gelebt haben, von wem wurden die Pandas dann gefüttert?"

„Vor nicht allzu langer Zeit wuchsen da, wo jetzt eure Höfe sind, auch Bambuswälder. Wenn der Bambus auf den Bergen starb, kamen die Pandas herunter. Genau hierher." Er stampfte mit dem Fuß auf die Erde. „Hier fanden sie andere Bambussorten, die nicht abgestorben waren. Sie konnten hier bleiben, bis die Berghänge wieder grün wurden. Jetzt können sie das nicht."

Ho Yen dachte nach. „Dann gehört das Land, auf dem wir leben, eigentlich den Pandas ..."

Herr Po schaltete sich ein. „Unsinn! Tiere können kein Land besitzen."

„Menschen müssen auch essen." Die Stimme von Frau Chens Mutter zitterte. „Ich bin eine alte Frau. Ich kann nicht wegziehen. Mein Sohn hat schwer gearbeitet um das Land hier zu roden."

„Mutter, niemand wird dich von dem Land ver-

treiben. Aber wer freiwillig wegzieht, bekommt Geld von der Regierung."

Ich habe mich nicht geirrt, dachte Lu Yi. Das Gerede über Wegziehen hat doch etwas mit dem Panda zu tun.

„Um eins möchte ich euch bitten", sagte der Mann. „Meldet jeden Panda, den ihr seht."

Alle sahen Lu Yi an. Aber niemand sagte etwas. Nicht einmal Herr Po. Sie erwarteten, dass er etwas sagen sollte, dass er von Su Lin erzählte. Mit klopfendem Herzen stand er da. Tagelang hatte er eine Entschuldigung nach der anderen gefunden, um nicht mit dem Bau des Käfigs beginnen zu müssen. Aber jetzt würde der Mann Su Lin wahrscheinlich mitnehmen. Seine Mutter berührte sanft seinen Arm. Lu Yi öffnete den Mund, aber kein Ton kam heraus.

Der Mann schien das alles nicht wahrzunehmen. „Pandas dürfen nicht totgeschossen werden", sagte er. Sein Blick richtete sich auf Herrn Po. „Das ist schon lange gesetzlich verboten. Aber jetzt wird es noch strenger bestraft."

Er lächelte. „Aber es gibt auch eine gute Nach-

richt. Jeder, der hilft einen Panda zu retten, bekommt dreihundert Yuan von der Regierung."
„Dreihundert Yuan!"
„Dreihundert Yuan!"
Alle redeten aufgeregt durcheinander.
„Davon kann man sich eine Nähmaschine kaufen!"
„Nicht genug für ein Fahrrad."
„Vielleicht für ein altes ..."
Der Einzige, der düster blickte, war Herr Po. „Ich hätte das Biest auf die Erde werfen und fesseln sollen. Das hätte ich geschafft."
Alle grinsten. Herr Po war ein Angeber.
Der Bote sprach weiter. „Das ist eine gute Belohnung. Es beweist, wie ernst es der Regierung mit dem Schutz der Pandas ist."
Er hob Hammer und Nägel und seine Notizen auf und wollte weitergehen. Dass die Dorfbewohner wieder still geworden waren, schien er nicht zu merken. Auch nicht, dass sie jetzt Lu Yi ansahen und ihm zulächelten.

Warum sagte keiner was, nicht einmal Ho Yen, obwohl er aussah, als ob er fast vor Aufregung platzte? Es lag wohl daran, dass niemand übermäßig viel Vertrauen zu der Regierung hatte. Lu Yi musste dem Mann selbst von dem Panda erzählen. Aber er konnte es nicht.

Sein Vater brach schließlich das Schweigen. „Wir haben einen Panda."

„Ihr habt einen Panda?" Der Bote staunte. „Was soll das heißen, ihr *habt* einen?"

Alle drängten sich um Lu Yi. Sie folgten ihm zu seinem Haus.

Ho Yen legte den Arm um ihn. „Dreihundert Yuan. Was wirst du dir dafür kaufen?"

Lu Yi schüttelte den Kopf. Er dachte nicht an die Belohnung. Seine Gedanken kreisten um Su Lin. Er dachte daran, wie sie ihn gefunden hatten. Wie er ihn vom Berg heruntergetragen hatte. Wie klein er gewesen war und wie hilflos. Jetzt war er größer. Hatte mehr Fell. Seine kleinen runden Ohren standen aufrecht. Und er konnte schon sehr gut laufen.

Lu Yis Eltern erzählten dem Boten alles über den Panda. Als sie in den Hof kamen, blieb Lu Yi wie angewurzelt stehen. Su Lins Korb war umgekippt. Und er war leer. Lu Yi lief zum Korb und sah dahinter nach. Er pfiff. Manchmal antwortete Su Lin mit einem Quieken. Aber jetzt blieb alles still. Das Hoftor war offen.

„Vielleicht ist er rausgelaufen."

„Wo sollte er denn hingelaufen sein?"

„Das hat er noch nie gemacht."

„Alles passiert irgendwann zum ersten Mal."

„Er ist nicht da." Lu Yis Vater hatte im Schuppen nachgesehen, wo er das Saatgut, Rupfensäcke und Geräte aufbewahrte.

„Wir müssen die Umgebung absuchen."

Lu Yi war schon auf dem Weg nach draußen, als seine Mutter hinter ihm herrief: „Reg dich nicht auf. Komm her! Sieh dir das an."

Der kleine Panda lag dicht an der Wand, an Lu Yis Schlafmatte gekuschelt. Er hatte sich in Lu Yis Jacke gewickelt und sie halb über sich gezogen. Er schnarchte friedlich. Hin und wieder gab er kleine Grunzer von sich. Seine Brust bewegte sich regelmäßig auf und ab.

„Oh!" Lu Yi sank auf die Knie.

„Die Sachen haben deinen Körpergeruch an

sich“, sagte seine Mutter. „Da fühlt er sich sicher.“

Lu Yi betrachtete den Panda mit gemischten Gefühlen. Er war froh, dass er ihn gefunden hatte. Zugleich war er unglücklich, weil er ihn bald verlieren würde.

Der kleine Panda machte die Augen auf. Lu Yi hob ihn hoch.

„Er war fast tot, als wir ihn aus dem hohlen Baum gezogen haben“, sagte Lu Yis Vater.

Und Lu Yis Mutter erzählte, wie ihr Sohn die Ziege Nim dazu gebracht hatte das Pandababy zu säugen.

Der Mann streckte die Hand nach dem Tier aus. „Du hast gute Arbeit geleistet. Au!“ Er sah sich seine Hand an, wo Su Lin ihn gekratzt hatte. „Sagt mal, was wolltet ihr denn mit ihm machen?“

„Ihn in den Zoo schicken“, erwiderte Lu Yi.

Lu Yis Vater schaltete sich ein. „Wann wird mein Sohn seine Belohnung bekommen?“ Das war immerhin auch wichtig und niemand sonst schien daran zu denken.

„Wenn das Tier mit meinem Bericht abgeliefert worden ist."

Lu Yi wusste, dass Weinen keine Schande war. Trotzdem drehte er sich um. Su Lin würde ihn noch heute verlassen. Sofort. Er selbst verstand wenigstens, was vor sich ging. Su Lin würde es nicht verstehen.

„Was wird denn mit ihm geschehen?", stieß er hervor.

„Im Wolong-Naturpark gibt es eine Rettungsstation für Pandas. Da wird man ihn gut versorgen."

„Wolong." Das war weit. Er würde Su Lin nie wieder sehen.

„Der Kleine wird der Jüngste dort sein. Hast du ihm einen Namen gegeben?"

„Su Lin."

Lu Yis Stimme war nur ein Flüstern.

„Ich werde es ihnen sagen. Das ist wenigstens etwas Vertrautes für den Kleinen."

„Ich hole einen Korb, darin kannst du ihn tragen", sagte Lu Yis Mutter.

„Nein. Ich kann ihn heute nicht mitnehmen. Ich habe noch hundert Kilometer vor mir. Ich könnte

mich nicht richtig um ihn kümmern. Wir müssen uns etwas anderes einfallen lassen."
Er sah Lu Yi an. „Du hast doch nichts dagegen, den kleinen Kerl noch eine Weile zu versorgen?"
Lu Yi strahlte. Dann erklärte der Mann ausführlich, wie Su Lin in die Panda-Rettungsstation gebracht werden sollte. Und als Lu Yi das hörte, strahlte er noch mehr.

Kapitel 6

Lu Yi, seine Eltern und Ho Yen standen am Rand ihres nördlichen Feldes. Mit den Augen suchten sie den Himmel ab.

In der vergangenen Woche hatte der Bote ihnen folgenden Plan mitgeteilt:

Ein Hubschrauber würde Su Lin in die Rettungsstation bringen. Lu Yi sollte den kleinen Panda begleiten und in der Station übernachten. Dann würde man ihn mit dem Hubschrauber zurückbringen.

Nach allen Richtungen suchten sie den Himmel ab.

„Das ist doch der richtige Tag." Lu Yi begann unruhig zu werden.

„Es ist noch sehr früh", beruhigte ihn seine Mutter.

Der Junge hielt Su Lin in den Armen. In einem kleinen Sack, der jetzt auf dem Boden lag, hatte er ein paar Vorräte: eine Flasche Ziegenmilch und zerdrückte Jamswurzeln.

„Hört!“ Ho Yen legte die Hand ans Ohr. Man hörte ein weit entferntes Brummen. Allmählich wurde es lauter. Das musste der Hubschrauber sein. Im Dorf wurde alles stehen und liegen gelassen. Geräte, Töpfe, Näharbeiten wurden aus der Hand gelegt, Tiere eilig festgebunden. Endlich kam der Hubschrauber hinter einer Wolke hervor. Die Nachbarn versammelten sich um Lu Yi. Alle wandten die Gesichter nach oben und sahen dem Hubschrauber entgegen.

„Wie klein er ist!“

„Was ihn wohl da oben hält, frage ich mich …“

„Ich verstehe nichts von dem modernen Zeug.“

„Nicht alles davon ist gut.“

„Manches aber doch.“

„Er kommt nicht runter“, rief jemand.

„Er wirft nicht einmal etwas ab!“

„Nur Gerede. Es passiert nichts. Man kann der Regierung eben nicht trauen.“

Herr Po ging wieder nach Hause. Der Hubschrauber flog nach Osten, bis er nicht mehr zu

sehen war. Aber nach einer halben Stunde kam er zurück Er blieb ungefähr zweihundert Meter entfernt von ihnen in der Luft hängen. Dann kam er herunter. Alle rannten zu der Stelle.
„Stellt euch nicht darunter!“, rief Ho Yen.
Der Hubschrauber senkte sich noch weiter herab, dann berührte er sanft den Boden. Der Pilot steckte den Kopf heraus. „Nicht zu dicht herankommen!“ Er warf zwei große Säcke mit Jamswurzeln und einen Sack Mais ab.
„Verteilt das Futter da, am Feldrand. Nicht alles an einer Stelle.“ Er nahm seiner Pilotenbrille ab und grinste. „Wo sind meine Passagiere?“
„Hier, deine Jacke, Lu Yi.“ Die Mutter umarmte ihn. Sie streichelte Su Lin. „Leb wohl, kleiner Gast.“
Lu Yi reichte den Panda hinauf, den Sack mit Vorräten, seine Jacke und den Korb.
„Du hast vielleicht Glück“, sagte Ho Yen. „Merk dir alles, damit du es mir erzählen kannst!“
Lu Yi winkte. Der Hubschrauber stieg senkrecht in die Luft.
Der Pilot hantierte mit Hebeln und Schaltern.

Nach einer Weile wandte er sich Lu Yi zu. „Ich heiße Hu Shang. Und du?“

„Lu Yi. Und das hier …“ Er legte die Hand auf den pelzigen Rücken des kleinen Pandas. „Das ist Su Lin.“ Dann fügte er hinzu: „Wir dachten schon du hättest uns vergessen, als du weitergeflogen bist.“

„Nein, ich musste noch an anderen Stellen Futter abwerfen.“

Sie flogen nach Westen. Links waren Berge zu sehen, rechts kleine Bauernhöfe. Die Erde war in braune, grüne und gelbe Vierecke aufgeteilt. Lu Yi sah Menschen, die ihre tägliche Arbeit verrichteten. Alles sah friedlich und vertraut aus.

Lu Yi erzählte dem Piloten, wie er und sein Vater den verwaisten Panda und dessen tote Mutter gefunden hatten. Hu Shang erzählte dem Jungen, wie es war, in einer großen Stadt zu leben.

„Wo hast du Fliegen gelernt?“, wollte Lu Yi wissen.

„Bei der Armee.“

Beim leisen Brummen des Motors war der Panda eingeschlafen. Erst als Lu Yi Futter aus dem Sack

holte, wurde der Kleine von dem Geruch wach. Der Junge gab ihm etwas Ziegenmilch aus einem Becher, wobei er die Hälfte verschüttete. „Es ist einfacher“, sagte er, „wenn er direkt bei der Ziege trinkt.“

Dann gab er Su Lin zerdrückte Jamswurzeln mit den Fingern. Der Panda leckte dem Jungen die Hände ab und stieß einmal kurz auf. Dann legte er sich zurecht und schlief wieder ein. Lu Yi seufzte.

Hu Shang wandte sich ihm zu. „Ist dir schlecht?“

Der Junge schüttelte den Kopf. Er streichelte den kleinen schwarzweißen Fellball auf dem Schoß. „Ich habe nur überlegt, was er wohl denken wird, wenn ich ihn allein lasse.“

„Er wird nicht allein sein.“

„Ich meine, er wird mir fehlen.“

„Du hättest ihn sowieso nicht für immer behalten können.“

Lu Yi nickte. Natürlich wusste er das. Aber was man im Kopf wusste und was man im Herzen fühlte, dazwischen gab es einen riesengroßen Unterschied.

„Da wären wir“, sagte der Pilot nach einer Weile. Er war still gewesen, wohl auch mit eigenen Gedanken beschäftigt.
Lu Yi schaute hinunter. Er sah eine Gruppe kleiner Gebäude mitten im Wald. Einen Augenblick lang hing der Hubschrauber scheinbar bewegungslos am Himmel. Dann, wie durch Zauberei, senkte er sich hinab. Sie setzten sanft auf einer kleinen Lichtung auf.
Ein Mann mit einem Turban kam auf sie zugelaufen um sie zu begrüßen. „Hallo! Ich heiße Zilin.“ Er lächelte Lu Yi zu, dann sah er den kleinen Panda an. „Das ist wohl unser neuer Gast.“ Zu dem Piloten sagte er: „Du hast schon wieder einen Flug.“
„Heute noch?“
„Ja.“
Sie gingen auf ein kleines Backsteingebäude zu. Der Mann mit dem Turban hatte Hu Shang den Arm um die Schulter gelegt und redete auf ihn ein. „In Zang-Fu“, sagte er, „haben drei Bauern einen Panda aus der höher gelegenen Region runtergebracht. Er scheint sehr krank zu sein. Jeden-

falls hat er nichts gefressen. Sie haben ihn in eine Hütte gesperrt. Er muss sofort geholt werden. Ich komme mit."

Inzwischen hatten sie das kleine Gebäude erreicht. Lu Yi folgte den beiden Männern. Drinnen war eine Frau, die anders aussah als alle Frauen, die Lu Yi je gesehen hatte. Sie war groß – größer als sein Vater. Sie hatte lange gelbe Haare und eine lange dünne Nase. Als sie den kleinen Panda erblickte, lächelte sie und wollte nach ihm fassen. Dann hielt sie inne.

„Bitte setz ihn da auf den Tisch", sagte sie. Sie sprach langsam, auf Putongua. Das ist die Nationalsprache, die überall in China verstanden und gesprochen wird.

Su Lin fühlte sich auf der fremden kalten Oberfläche nicht wohl. Er versuchte aufzustehen, doch seine Füße fanden keinen Halt. Vor Angst fing er an zu schreien. Er verstummte, als die Frau vorsichtig seine Schnauze öffnete und mit einer kleinen Taschenlampe hineinleuchtete. Während sie ihn untersuchte, redete sie mit sich selbst, diesmal auf Englisch.

„Er hat Zähne“, murmelte sie. „Oh ja, du hast Zähne“, sagte sie zu dem kleinen Panda und zog schnell ihre Hand zurück.

Lu Yi wusste nicht, was sie sagte. Er bekam es mit der Angst zu tun. Stimmte etwas mit Su Lin nicht?

Die Frau nahm ein Maßband und maß Su Lins Rücken und Beine. Dann sah sie sich seine Klauen an. Sie schrieb alles in ein Notizbuch. Endlich wandte sie sich Lu Yi zu und sprach jetzt wieder Putongua. „Wie groß war er, als du ihn gefunden hast?“

„Ach, sehr klein.“ Lu Yi zeigte ihr die Größe mit seinen Händen. „Aber er ist gewachsen, mindestens zehn bis elf Zentimeter. Und er ist viel schwerer als vorher. Vielleicht drei Kilo …“

Die gelbhaarige Frau hob die Hand. „Warte, nicht so schnell.“

Lu Yi wiederholte, was er gesagt hatte, diesmal langsamer.

Dann fuhr er fort: „Und er kann jetzt schon gut laufen. Als ich ihn gefunden habe, konnte er sich nicht einmal auf den Füßen halten. Die hellen

Flecken auf seinen Schultern waren ganz, ganz blass …"
Lu Yi begann wieder schneller zu sprechen. Er gebrauchte Wörter aus dem Sichuan-Dialekt, der bei ihn zu Hause gesprochen wurde. Nur in der Schule sprach er Putongua. Hu Shang erklärte der Frau auf Englisch, was Lu Yi gesagt hatte. Sie nickte.
Lu Yi redete lauter. „Er war so klein, so verängstigt und allein. Er schrie, als wir ihn aus dem hohlen Baum holten. Tut mir Leid, ich hab nicht dran gedacht ihn zu messen …"
Die Frau nickte ihm zu. „Du brauchst dich nicht zu entschuldigen. Du hast genau das Richtige gemacht." Sie lächelte. „Er ist kerngesund. Es könnte ihm nicht besser gehen, wenn ihn zwei Tierärzte versorgt hätten."
Lu Yi wusste nicht, ob er das glauben sollte. Er verstand nicht alles, was sie sagte. Aber sie schien zufrieden zu sein. Das merkte man.
 „Es fällt mir ein bisschen spät ein", sagte Hu Shang, „aber ich sollte euch miteinander bekannt machen. Dr. Di, das ist Lu Yi. Lu Yi, das ist

Dr. Diana Fleming. Sie ist aus Amerika zu uns gekommen. Sie ist Panda-Expertin."

Die beiden gaben sich die Hand.

Dr. Di wandte sich an Hu Shang. „Es tut mir Leid, aber in der Nähe von Zang-Fu hat man einen Panda gefunden. Es wäre gut, wenn du ihn noch heute Abend holen könntest."

Der Pilot nickte. „Zilin hat es mir schon gesagt. Der Hubschrauber wird gerade aufgetankt. Ich esse noch etwas, dann fliege ich los."

Lu Yi war dicht an den Tisch herangetreten und hatte einen Arm um Su Lin gelegt. Aber er nahm ihn nicht auf den Schoß. Er war nun nicht mehr für den kleinen Panda zuständig.

„Morgen bin ich wieder da. Dann bringe ich dich nach Hause", sagte Hu Shang und klopfte Lu Yi auf die Schulter. „Du kannst heute Nacht in meinem Zimmer schlafen." Dann ging er.

„Möchtest du sehen, wo Su Lin untergebracht wird?", fragte die Frau

„Ja, gern, Frau ..."

„Alle hier nennen mich Dr. Di."

„Ja, Frau ... Dr. Di."

Sie legte Notizbuch und Taschenlampe auf ein Regal. Lu Yi nahm den Panda auf den Arm und folgte ihr.

Nach wenigen Schritten kamen sie zu einer Reihe von Käfigen. Dr. Di nahm einen Schlüssel und öffnete einen Käfig. Lu Yi fuhr zurück. Was für ein schrecklicher Ort! Zementboden. Dicke Stäbe davor. In der Ecke ein Haufen Zweige. Und vor den Stäben Maschendraht. Er hielt Su Lin fester.

„Ich weiß“, sagte Dr. Di. „Du findest das grässlich. Aber Su Lin wird nur ein paar Tage hier sein. Wir müssen die Neuankömmlinge ganz genau beobachten. Hier kann man das am besten. Komm, setz ihn rein.“

Lu Yi setzte Su Lin auf den harten Zement. Dr. Di schloss die Tür. Das kleine Tier stand da und sah durch den Maschendraht. Dr. Di nahm den Jungen an den Schultern und drehte ihn sacht um. „Er wird zurechtkommen“, sagte sie. „Jetzt zeige ich dir, was wir hier machen.“

Sie gingen an einem langen Holzhaus vorbei. „Da drinnen schlafen wir. Und dort …“, Dr. Di zeigte auf ein anderes Gebäude, aus dessen Schornstein

Rauch aufstieg, „das ist das Haus, in dem gekocht wird."

Sie kamen zu Anpflanzungen, wo fünf oder sechs verschiedene Pflanzensorten wuchsen.

Lu Yi blieb stehen. „Das ist ja alles Bambus", rief er aus. Er hockte sich hin und nahm ein Blatt in die Hand. „Diese Art habe ich noch nie gesehen. Sehen Sie sich das an!" Eine Pflanze hatte einen gedrehten Stamm. Er sah Dr. Di fragend an.

„Wir machen Versuche mit verschiedenen Bambussorten um zu sehen, was hier wächst. Die Sorte mit dem gedrehten Stamm kommt aus Nepal. Und die hier", sie zeigte auf Bambuspflanzen mit purpurroten Stängeln, „kommt aus Japan. Diese Sorte kommt aus Florida." Dabei zeigte sie auf blassgrüne Bambuspflanzen mit bleistiftdünnen Stängeln. „Falls eine der Sorten hier gedeiht, werden wir die niedrig gelegenen Hänge damit bepflanzen. Wenn dann der hiesige Bambus wieder abstirbt, haben die Pandas noch die anderen Sorten für ihre Ernährung."

„Also eine Art Versorgung für den Notfall", sagte Lu Yi.

„Genau."

Sie gingen weiter und kamen an zwei jungen Männern vorbei, die große Behälter mit Holzgittern bauten.

„Das sind Tragekäfige. Rettungsteams aus jeweils vier Mann suchen die Wälder ab. In diesen Käfigen bringen sie Pandas, die am Verhungern sind, in die Station. Sechs konnten auf diese Weise schon gerettet werden …"

„Leicht ist es nicht, sie herzubringen", sagte einer der Männer. „Wirklich nicht."

„Das kann ich mir vorstellen", erwiderte Dr. Di. Sie und Lu Yi gingen weiter. „Wir haben siebzehn Pandas hier", erklärte sie.

„Wo sind sie?", fragte Lu Yi.

„Genau hier."

Sie waren an einem hohen Drahtzaun angelangt. Dahinter lag unbebautes Land. Es stieg steil an. Da gab es Felsen, Riffe, ein paar hohe Bäume. Auf einem Baum saß ganz oben ein Panda und schaute zu ihnen herunter. Lu Yi sah, dass das Gebiet durch Drahtzäune in verschieden große Felder unterteilt war. Neben einem Felsen lag ein

Panda flach ausgestreckt auf dem Rücken. Er schnarchte leise.

„Das ist Ling Ling“, sagte Dr. Di. „Man hat ihn in einem der Tragekäfige hergebracht. Der auf dem Baum ist Chi Chi, ein Weibchen. Ein Bauer hat sie angeschossen. Jemand aus dem Dorf hat es dann einem Schiffer erzählt. Auf diese Weise haben wir von ihr gehört. Wir schickten eine Suchmannschaft und die fanden sie. Glücklicherweise war sie nicht schwer verletzt.

Lu Yi dachte an Herrn Po zu Hause.

„Was ist mit dem Mann passiert, der sie angeschossen hat?“

„Er musste fünfzig Yuan Strafe bezahlen.“

Lu Yi nahm sich vor, das Herrn Po zu erzählen, wenn er wieder nach Hause kam.

„So, und hier wird Su Lin schon bald leben.“

„Für immer?“

„Nein. Ungefähr eineinhalb Jahre. Dann kommt er in eine Gegend von China, wo die Bambuswälder nicht abgestorben sind. Wenn der Bambus in den Bergländern wieder wächst, können wir ihn auch hier freilassen.“

„Aber wenn der Bambus wieder abstirbt …“
Dr. Di unterbrach Lu Yi. „Ein Panda lebt nur ungefähr dreißig Jahre. Also wird das, während er lebt, nicht wieder passieren.“
„Und was ist mit den Pandas, die dann leben?“
„Das Gleiche wird sich wiederholen. Man muss sie retten oder viele von ihnen werden verhungern. Wenn nicht …“ Dr. Di zögerte. Lu Yi wartete. „Wenn nicht eine andere Bambussorte auf den niedrig gelegenen Hängen angebaut werden kann.“
Lu Yi wusste, warum Dr. Di gezögert hatte. „Das ist da, wo jetzt Bauernhöfe sind“, sagte er. „Wo ich lebe.“
„So ist es.“
„Deshalb sollen wir umgesiedelt werden.“
„Keiner wusste von den Problemen mit den Pandas, als deine Familie sich da niedergelassen hat.“
Ein lauter Gong war zu hören.
„Essenszeit“, erklärte Dr. Di.
Sie gingen zu dem Haus, in dem gekocht und gegessen wurde. Unterwegs kamen sie an Su Lins Käfig vorbei. Der kleine Panda stand nicht mehr

am Gitter. Er lag auf den Zweigen und war fest eingeschlafen.

In dem Haus saßen mehrere Männer an einem Tisch. Dr. Di stellte Lu Yi vor. Die Männer nickten und lächelten.

„Du hast uns einen kleinen Panda gebracht“, sagte ein junger Mann, den Dr. Di als Wo Ping vorstellte.

„Ist er gesund?“, fragte ein anderer.

Dr. Di strahlte. „Der Junge hat sich wunderbar um das Tier gekümmert.“

Der Koch brachte Schüsseln mit Gemüse, Schweinefleisch und Reis. Lu Yi merkte plötzlich, dass er riesigen Hunger hatte.

In dieser Nacht schlief Lu Yi auf einer Matte in Hu Shangs Zimmer. Er wurde von einem Brummen wach. Er stützte sich auf einen Ellbogen und lauschte. Es war der Hubschrauber. Das musste Hu Shang sein. Lu Yi schob die Füße in die Sandalen und ging hinaus. Am dunklen Nachthimmel näherte sich ein roter Stern. Er hielt an, dann senkte er sich herab.

Dr. Di erschien mit einer Taschenlampe, deren

Lichtkegel auf dem Boden vor ihr her tanzte. Zilin sprang aus dem Hubschrauber. Er drehte sich um und griff nach einer Trage.
„Nimm das andere Ende. Fest halten!" Zu zweit hoben sie die Trage aus dem Hubschrauber. Darauf lag ein großer Panda. Sein Kopf hing unnatürlich zur Seite. War er tot?
„Ich habe ihm vor zehn Minuten noch eine Spritze gegeben", sagte Zilin. „Wir müssen schnell arbeiten."
„Wenn er zu früh aufwacht …" Hu Shang schüttelte den Kopf.
Dr. Di richtete ihre Taschenlampe auf das Tier. „Bringt ihn gleich zum Käfig. Ich werde ihn da untersuchen."
Sie brachten das bewusstlose Tier in einen Käfig. Die Trage wurde abgestellt. Dr. Di kniete nieder und untersuchte den Neuankömmling. Sie leuchtete mit der Taschenlampe in seine Ohren, in die Augen, die Nase und den Mund. Sie untersuchte seine Pfoten. Sie setzte eine runde Metallscheibe auf die Brust des Tieres und hörte sein Herz ab. Sie legte ein Band um sein Bein, dann drückte sie

sieben- oder achtmal auf einen kleinen Gummiball. Sie lauschte und kritzelte ein paar Zahlen in ihr Notizbuch. Dann stach sie schnell mit einer Nadel zu. Blut füllte langsam ein kleines Glasröhrchen. Dr. Di schloss das Röhrchen mit einem Gummistopfen und stand auf. Sie verließen den Käfig. Hu Shang schloss die Tür.

„Es ist ein männliches Tier“, sagte Dr. Di. „Ungefähr acht Jahre alt. Der Herzschlag ist schwach. Blutdruck niedrig. Entzündung im rechten Ohr. Am Kopf hat er eine große Schwellung.“

Lu Yi hatte aufmerksam zugehört. „Woher wissen sie, wie alt er ist?“

„Das sehe ich am Zustand seiner Zähne. Wie abgenutzt sie sind.“

Aus einem Wasserbehälter füllte sie eine Schüssel und gab sie Lu Yi. „Stell das in seinen Käfig. Du kannst die Schüssel unter den Stäben durchschieben.“

Lu Yi ging zurück und schob die Schüssel mit Wasser unter den Stäben durch. Der Panda schüttelte seinen Kopf. Er brummte. Seine Pfoten zuckten. Er machte die Augen auf und sah Lu Yi mit

verschwommenem Blick an. Dann ließ er den Kopf wieder sinken und fing an zu schnarchen.
Lu Yi ging zum Käfig, wo Su Lin untergebracht war. Er schlief immer noch tief und fest.
Lu Yi ging leise in Hu Shangs Zimmer. Ohne einen Laut legte er sich auf die Schlafmatte. Hu Shang schlief schon. Er musste todmüde sein. Außer dem Schrei einer Eule in der Ferne war in der Panda-Rettungsstation kein Laut zu hören.

Kapitel 7

Sehr früh wurde zum Frühstück gegongt. Lu Yi seufzte. Es war so schnell morgen geworden. Hu Shang war schon aufgestanden.

Lu Yi ging zum Essraum und ließ sich am Ende der Bank nieder. Der Koch brachte ihm Tee, Weizenflocken und geröstetes Brot.

Alle hören Hu Shang zu. Gelegentlich warf Zilin eine Bemerkung ein. Sie hatten das Dorf am Fuß des Ming-Dang-Berges erreicht, als es bereits dunkel wurde. Bei der Landung des Hubschraubers hatten sie eine Ziegenherde aufgescheucht. Empört meckernd waren die Tiere weggerannt.

„Dann verloren sie ihre Furcht und begannen am Hubschrauber zu knabbern“, erzählte Zilin weiter, damit Hu Shang in Ruhe frühstücken konnte.

„Drei alte Männer hielten vor einer Hütte Wache. Sie sagten, als sie den Panda zur Hütte schleppten, hätte sich das Tier plötzlich aufgerichtet und gebrüllt. In ihrer Angst hätten sie den Panda mit einem Stein niedergeschlagen und ihn dann in die Hütte getragen. Wir machten die Türe ganz vorsichtig auf. Zuerst glaubten wir, der arme Kerl sei tot."

„Wie habt ihr ihn in den Hubschrauber bekommen?", fragte Lu Yi.

„Wir haben ein Netz um ihn gelegt. Dann haben wir ihn auf einen Wagen gehoben. Viele Leute haben uns geholfen. Gemeinsam haben wir ihn dann in den Hubschrauber gehievt."

„Sie waren nicht traurig, dass wir ihren Gast mitnahmen", sagte Zilin.

„Sie wussten nicht einmal, dass sie eine Belohnung bekommen würden", fügte Hu Shang hinzu. „Trotzdem haben sie alles getan um das Tier zu retten."

„Warum?"

„Einer der Männer sagte zu mir: ‚Pandas sind seltene und geheimnisvolle Wesen. Wie die Götter leben sie in der Nebelregion der Berge.'"

Herr Po würde das bestimmt nicht so sehen, dachte Lu Yi und grinste.

Einer der Männer am Tisch sagte etwas in seinem eigenem Dialekt.

„Er will wissen“, übersetzte Hu Shang, „was daran so komisch ist.“

Lu Yi erzählte von Herrn Po. Wie er mit dem Panda gekämpft hatte und wie die Auseinandersetzung von den aufgescheuchten Bienen beendet worden war. Dann standen alle auf um an die Arbeit zu gehen.

„Wir werden in ungefähr zwei Stunden starten“, sagte der Pilot. „Kannst du dich bis dahin beschäftigen?“

„Oh ja.“

„Komm, du kannst mir helfen“, sagte Wo Ping.

Lu Yi ging mit, um das Futter für die Tiere zuzubereiten. Während sie Äpfel und Karotten klein schnitten und Körbe mit Mais und Jams füllten, erzählte Wo Ping, wie er zu der Arbeit in der Station gekommen war.

„Ich studiere Tierkunde an der Universität in Shantung.“

Lu Yi wunderte sich. Er hatte geglaubt, Studium hätte etwas mit Lesen und Schreiben zu tun, vielleicht auch mit Geschichte und Geografie. Wie interessant musste es sein, Tiere zu studieren.

Als das Futter fertig war, verteilten sie es. Sie kamen zu Su Lins Käfig. Wo Ping zog einen Schlüssel heraus und öffnete die Tür.

„Du kannst reingehen und ihr das Futter geben."

Als der kleine Panda Lu Yi sah, fing er an zu quieken. Lu Yi nahm ihn in die Arme. Dann wandte er sich um. Er war überrascht.

„Ist es eine Sie?"

Wo Ping zuckte die Schultern. „So ganz genau wissen wir nicht, ob es ein Er oder eine Sie ist. Das ist bei Pandas sehr schwer zu bestimmen. Fast unmöglich, solange sie klein sind."

Lu Yi hatte nie darüber nachgedacht. Wenn er Su Lin an sich drückte, war es ihm egal, ob er ein Er oder eine Sie war.

Der Pilot erschien. „Ich dachte mir schon, dass ich dich hier finden würde. Wir sind startbereit."

Lu Yi setzte den kleinen Panda auf den Boden. Schnell verließ er den Käfig. Er würde Su Lin nie wieder sehen. Schnell entfernte er sich. Er dachte, der Abschied würde leichter sein, wenn er sich nicht umdrehte. Aber dann drehte er sich doch um, wenigstens einmal. Su Lin hatte seine oder ihre Nase in der Futterschüssel. Lu Yi ging weiter, ohne noch einmal zurückzusehen.

Dr. Di stand vor ihrem Büro. „Ich möchte dir danken." Wie immer sprach sie langsam auf Putongua. „Und ich möchte dich etwas fragen."

„Ja?"

„Würdest du gerne wiederkommen und eine Weile hier arbeiten? Du könntest ein Praktikum machen, wenn du älter bist. So wie Wo Ping."

Lu Yi war sprachlos. Ob er das wollte? Natürlich wollte er! Aber wie konnte er Mutter und Vater alleine lassen? Sie brauchten seine Hilfe.

Dr. Di legte ihm die Hand auf die Schulter.

„Ich weiß, das müssen deine Eltern entscheiden. Ich habe ihnen geschrieben." Sie gab ihm einen Brief. Lu Yi bekam einen roten Kopf. Seine Eltern konnten nicht sehr gut lesen. Ob sie den Brief verstehen würden?

Dr. Di schien seine Gedanken zu erraten. „Bestimmt haben sie Fragen. Sie können das mit dem Boten besprechen, wenn er wieder in euer Dorf

kommt. Du kannst gut mit Tieren umgehen, Lu Yi. Hier könntest du herausfinden, ob du studieren möchtest. Du könntest Wissenschaftler werden und mit Tieren arbeiten."

Wissenschaftler! Lu Yi hatte immer geglaubt, er würde Bauer werden wie sein Vater und wie der Vater seines Vaters.

Er runzelte die Stirn. „Meine Eltern brauchen meine Hilfe. Auf den Feldern und bei den Tieren. Ich kann doch nicht einfach weggehen."

Dr. Di umarmte ihn kurz. „Du wirst das mit Mutter und Vater besprechen."

Der Motor lief bereits, der Propeller drehte sich. Hu Shang winkte. Lu Yi kletterte in die Maschine.

„Passt gut auf Su Lin auf", rief er.

Der Hubschrauber erhob sich senkrecht in die Luft. Dann flogen sie im Schatten der Berge in Richtung Heimat.

Wie es weiterging

Die Leser werden sich fragen, was dann passierte. Lu Yis Eltern wollten das Beste für ihren Sohn. Als er größer war, erlaubten sie ihm, in der Panda-Rettungsstation zu arbeiten. Das war vielleicht ein erster Schritt, um später Tierforscher zu werden. Mit der Belohnung für die Panda-Fütterung konnten sie einen Farmhelfer bezahlen, der Lu Yis Platz einnahm. Manchmal kam Lu Yi nach Hause um seinen Eltern zu helfen. Wenn Lu Yis Eltern alt sind, werden sie vielleicht ihre Farm aufgeben und mit finanzieller Unterstützung der Regierung in die Stadt ziehen wie viele ihrer Nachbarn. Dann kann wieder Bambus in der Ebene angebaut werden. Und wenn dann der Bambus auf den Bergen stirbt, können die Pandas herunterkommen und Nahrung in der Ebene finden.

Anmerkung der Autorin

Die grundlegenden Fakten in diesem Buch beruhen auf Tatsachen. Die Belohnung für die Rettung von Pandas, die Strafen bei Verletzung dieser Tiere, der Futterabwurf, die Rettungsteams, dass man Bauern auffordert, die Ebene wieder freizugeben – das sind alles Maßnahmen der chinesischen Regierung zur Rettung der Pandas. Der Panda wird als nationales Erbe Chinas betrachtet.

Viele amerikanische Wissenschaftler, wie z. B. Dr. Di arbeiten mit chinesischen Wissenschaftlern zusammen, um zur Rettung des Pandas beizutragen.

Franz Hohler

Tschipo

RTB 2017

Tschipos Träume sind so stark, dass immer etwas daraus zurückbleibt: Fische, ein Frosch ... Und einmal gerät er sogar in einen fremden Traum und wacht auf einer Insel auf.
Hier trifft er den Piloten Tschako. Die beiden erleben Abenteuer, die glaubt man kaum!
ab 10

Franz Hohler

Tschipo und die Pinguine

RTB 2047

Tschipo träumt von einem Pinguin – und prompt watschelt am nächsten Morgen einer durch die Wohnung. Mit Tschako fliegt Tschipo in die Antarktis, um den Pinguin nach Hause zu bringen. Doch dort passiert Merkwürdiges.
ab 10

SPORT WELT

Matt Christopher

Angriff über die Flügel

RTB 2156

Dan versteht seine Fußball-kameraden nicht mehr: Warum spielen sie ihn überhaupt nicht mehr an? Hat es mit den ungeheuerlichen Vorwürfen zu tun, die sein bester Freund gegen ihn erhoben hat?

Ab 9 Jahren

Matt Christopher

Duell unter dem Korb

RTB 2157

Mark hat eine große Klappe und denkt selten nach, bevor er etwas sagt. Dass alle im Team unter den beleidigenden Sprüchen leiden, merkt er erst, als er fast aus der Basketball-Mannschaft fliegt.

Ab 9 Jahren

Hans Petermeijer

50 Meter bis zum Sieg

RTB 2158

Charlotte ist eine begeisterte Schwimmerin und das Trainieren im Club macht ihr Riesenspaß. Doch der neue Trainer verdirbt ihr die Freude am geliebten Sport! Charlotte muss sich entscheiden ...

Ab 9 Jahren

Peter Vervloed

Zoff im Tennisclub

RTB 2159

„Kinder runter vom Tennisplatz!“, fordert Verhoef, Haupt-Geldgeber des Clubs. Das sieht Richard nicht ein und beginnt einen Streit. Zu dumm nur, dass er sich in Verhoefs Tochter verliebt hat!

Ab 11 Jahren

John Reynolds Gardiner

Steinadler

RTB | 2026

Für Willy geht es beim Schlittenhunderennen um alles. Wenn er das Preisgeld nicht gewinnt, wird ihm und seinem kranken Großvater die Farm weggenommen. Doch auch der berühmte Indianer Steinadler nimmt teil, und der hat bisher noch kein Rennen verloren.
ab 8

Käthe Recheis

Sinopah und das Pony

RTB | 2013

Eines Tages sieht Sinopah ein Pony, das genauso aussieht, wie er sich sein eigenes Pferd erträumt hat. Aber es gehört dem alten Indianer Weiße Wolke. Als der eines Tages nicht zu Hause ist, reitet Sinopah heimlich das Pony. Doch es wirft ihn ab und läuft davon. Eine abenteuerliche und gefährliche Suche beginnt.
ab 7